arte é infância

Mari Miró e o Menino com Lagartixas

VIVIAN CAROLINE LOPES

Coleção arte
Pois arte é infância
saber que o mundo já é e fazer um.
Rainer Maria Rilke

Para Weider Weise.

CIP-BRASIL CATALOGAÇÃO NA PUBLICAÇÃO
SINDICATO NACIONAL DOS EDITORES DE LIVROS, RJ

L856m

Lopes, Vivian Caroline
  Mari Miró e o menino com lagartixas / Vivian Caroline Lopes. – 2.ed. – Barueri, SP : Ciranda Cultural, 2017.
  48 p. : il. ; 24cm   (Arte é infância)

ISBN: 9788538071891

1. Literatura infantojuvenil brasileira. I. Título. II. Série.

17-40798   CDD: 028.5
                                            CDU: 087.5

Este livro foi impresso em fonte Joanna em outubro de 2021.

Ciranda na Escola é um selo da Ciranda Cultural.

© 2014 Ciranda Cultural Editora e Distribuidora Ltda.
Texto © 2014 Vivian Caroline Fernandes Lopes
Ilustrações: Vivian Caroline Fernandes Lopes
Produção: Ciranda Cultural

2ª Edição em 2017
2ª Impressão em 2021
www.cirandacultural.com.br

Todos os direitos reservados. Nenhuma parte desta publicação pode ser reproduzida, arquivada em sistema de busca ou transmitida por qualquer meio, seja ele eletrônico, fotocópia, gravação ou outros, sem prévia autorização do detentor dos direitos, e não pode circular encadernada ou encapada de maneira distinta daquela em que foi publicada, ou sem que as mesmas condições sejam impostas aos compradores subsequentes.

arte é infância

Mari Miró e o Menino com Lagartixas

Ciranda na Escola

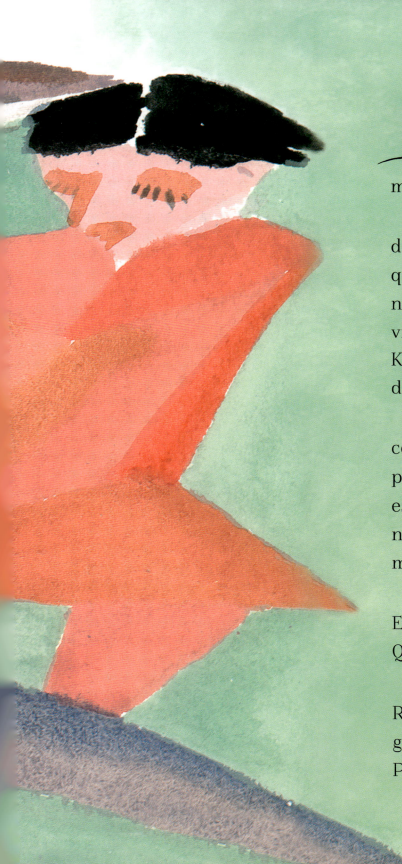

Mari estava procurando a cidade de Lasar Segall, pintor que viveu muitos anos na Alemanha e depois veio morar definitivamente no Brasil.

– Era por aqui... Tenho de procurar um tal de Menino com Lagartixas, o Mário de Andrade que falou. Mas eu detesto lagartixas! E aqui na Rússia não deve ter lagartixa. Quando eu vim para cá com o Felipe para conhecer o Kandinsky, estava muito frio. As lagartixas devem virar estátua de gelo neste lugar...

Mari passeava por uma paisagem bastante colorida e falava sozinha, já que havia partido para esta aventura sem seus amigos. Felipe estava ocupado com um monte de provas na escola e a Nathi ainda estava vivendo no mundo da Anita Malfatti.

– Nossa, aquelas pessoas parecem legais! Estão dançando ou descansando na grama? Que cabelo mais maluco. Muito engraçado!

Mari Miró foi se aproximando da Aldeia Russa, um lugar com muitas formas geométricas, especialmente triangulares. Parecia até que estava ventando...

E lá foi ela:

– Olá! Tudo bem com vocês? Posso entrar aqui, nesta dança? – perguntou Mari, tentando se aproximar.

– Oi! Não estamos dançando. Estamos apreciando a paisagem. Você não acha esta nossa aldeia linda? – respondeu (e ao mesmo tempo perguntou) o rapaz que estava à esquerda.

– Eu acho uma aldeia bem diferente. E esse cabelo de vocês é esquisito! – Mari tentou segurar, mas não conseguiu... Riu da cara dos dois meninos.

– Olha só quem fala! – respondeu o outro, que estava à direita. – Seu cabelo parece um monte de mola. Nunca vi um cabelo desse jeito.

Nesse momento, Mari lembrou que também era bem estranha para eles! Por isso, não ficou brava, e resolveu explicar:

– É que eu não sou daqui. E o meu cabelo é muito legal. Posso fazer com ele a forma que eu quiser. Querem ver?

Rapidamente, Mari soltou algumas trancinhas e pegou seu kit de cabelo para fazer um corte triangular, assim como o deles! Os dois meninos da Aldeia Russa ficaram impressionados e adoraram a ideia de ela entrar na moda de Vilnius.

– Agora sim você está mais normal. Gostamos do seu cabelo!

– Não sei por quê.

Mas nós sabemos... Não é? Tudo o que é igual a gente parece mesmo mais normal. Difícil é aceitar o diferente.

– Legal! Gostei também. Acho que ficou bom! – continuou Mari, agora com seu penteado triangular. – Olha, um homem muito amigo do Lasar Segall me disse que eu precisava vir aqui para conhecer a obra dele e descobrir por que ele quis ir morar no Brasil – continuou Mari.

– Ah, o Segall é o nosso mestre! Se você seguir em frente, irá encontrar nossos colegas que também foram pintados por ele.

– Ótimo! Muito obrigada.

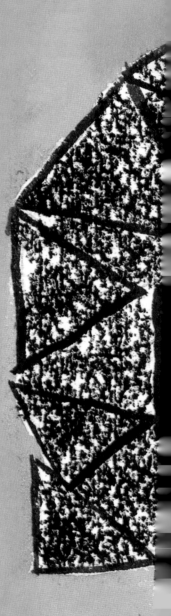

Mari virou-se para o lado e quis prosseguir a viagem, mas foi interrompida:

– Tome! Leve este lenço. Você vai precisar.

Ela não entendeu muito bem, mas guardou o lenço no bolso, imaginando o que aconteceria desta vez. Depois de tantas aventuras, Mari Miró achou que já estava preparada para tudo. Só não imaginava o que viria pela frente.

Chegou a outro lugar com muitos triângulos. Mas agora era diferente. As coisas estavam mais tristes... E ela teve vontade de chorar. Sentiu agonia e olhou para o rostinho das crianças. Ela achou que eles nem pareciam deste planeta: com olhos tão grandes e uma cabeça maior que o normal.

– Vocês estão chorando? – perguntou Mari, chegando bem perto de um dos meninos.

– Nós fomos abandonados... – respondeu uma das três crianças do quadro.

Mari sentiu-se ainda pior e saiu andando à procura de ajuda. Logo encontrou uma mulher deitada, que estava grávida, junto a um homem que parecia ampará-la. Então, pensou: "Acho que não é uma boa hora para pedir socorro a eles".

Andou mais, até avistar uma casa muito pobre. Resolveu dar uma olhadinha pela janela. Lá, viu um senhor que vestia um terno bastante velho e um chapéu surrado. Atrás dele, havia mais três pessoas e elas não pareciam nada bem. Duas estavam sentadas, tinham os olhos roxos e roupas muito finas, quase transparentes. A terceira parecia dormir, poderia até, quem sabe, estar morta. Para piorar, talvez também estivesse grávida...

Era muita tristeza. Nesses quadros de Lasar Segall, Mari não conseguia sentir uma alegriazinha sequer. Não aguentou e começou a chorar.

– Não fique assim, minha querida aluna.
– Mas é muito, muito triste... Por que o Lasar Segall é um pintor tão triste?
– Ele não é triste, Mari. O que acontece é que ele retratou em suas obras a tristeza que existe no mundo. Afinal, a arte retrata a vida. E coisas tristes fazem parte da vida. Além disso, é muito importante que as pessoas saibam, por meio destes quadros, que houve tristeza e, assim, possam fazer alguma coisa para melhorar o mundo em que vivem.
– Era isso que o Segall queria?
– Provavelmente, Mari. Mas isso você vai descobrir sozinha...

Entendendo agora muito bem por que recebeu um lenço dos amigos da Aldeia Russa, Mari enxugou as lágrimas, respirou fundo e tentou conversar com o senhor de chapéu.

– Olá, moço! Você pode conversar um pouco?

– Pois não, menina. Vejo, pelo seu corte de cabelo, que você vem da Aldeia Russa. Aqui, tudo é muito diferente. Estamos distantes, quase abandonados, tentando sobreviver – respondeu o senhor fechando seu livro, no qual anotava as memórias de seu sofrimento e de sua família.

– Queria ajudar... O que eu posso fazer? – perguntou Mari, já com vontade de chorar de novo.

– Você pode continuar.

– Continuar?

– Continue descobrindo a arte. Além de você, outras crianças podem também lutar por um mundo melhor. Continue caminhando. Esta realidade já foi pintada, nós não podemos mais mudá-la. Mas a sua, a de seu país, a de seu povo, a de seu tempo ainda está por ser pintada, escrita, falada – aconselhou o sábio senhor.

Mari saiu de lá um pouco perdida e muito angustiada. Por que ela não conseguiria mudar o que estava pintado ali? E por que Mário de Andrade a mandou procurar o Menino com Lagartixas? Por que ela teve de ir até aquele lugar e ver tanto sofrimento?

Em meio às perguntas, ela continuava olhando e admirando a arte de Segall. Encontrou alguns homens parecidos com as crianças abandonadas, e percebeu que eles também estavam andando. Só não dava para perceber qual era o destino. Na verdade, eles pareciam muito perdidos, cada um indo para uma direção. E os pés?

Os pés estavam descalços, pequeninos e pareciam até machucados. Se Mari não estivesse vendo com seus próprios olhos, iria achar que aqueles eram extraterrestres invadindo a Terra.

Então arriscou:

– Olá, desculpem incomodar, mas vocês estão caminhando para onde?

– Nós também não sabemos. Somos os Eternos Caminhantes – respondeu uma das figuras.

Rapidamente, o senhor de barba, à esquerda, contrariando o colega que havia respondido, falou firme:

– Fale por você. Eu sei sim! Vou para o navio para ver se consigo sair daqui. Quero tentar uma vida nova, longe de guerras, pobreza e sofrimento.

– Navio? – Mari interessou-se, imaginando como seria legal conhecer um navio. Ela só havia visto em fotografia alguns cruzeiros com aqueles navios grandes e bonitos! Mas jamais poderia imaginar como seria a condição daquele navio do qual o senhor de barba branca estava falando.

– É sim, mocinha. Vejo seu olhar de animação. Mas, se quiser vir comigo, já vou avisando que não tem muito espaço. Vai ter que entrar escondida. Afinal, muitos estão querendo ir embora também.

– O senhor falou de guerra. Aqui também teve guerra? – perguntou Mari, lembrando-se do Cavaleiro Azul e do Kandinsky.

– Sim. Acabamos de sofrer a Guerra Mundial. Terminou há menos de um ano.

Mari sentiu de novo aquele aperto no coração. Mas decidiu seguir com o Barba Branca para saber mais sobre o assunto. Por um momento até se esqueceu do tal Menino com Lagartixas. Alguma coisa dizia a ela que ele não estava ali. Não ali, no meio de tanta tristeza.

Ela pensava consigo mesma: "Será que foi esse o motivo de o Lasar Segall ir para o Brasil? Lá não aconteceu Guerra Mundial. E vai ver que, quando ele foi, logo depois da Semana de Arte Moderna, não tinha tanta fome, assalto e violência no Brasil".

Depois de refletir sobre tudo isso, informou:

– Eu vou seguir com o senhor.

No caminho, Barba Branca foi contando a ela o número de mortes e os motivos que levaram a essa Guerra Mundial. Mari foi ficando cada vez mais triste, imaginando como o ser humano poderia ser tão cruel.

Chegando ao navio, ela deu um jeito de se esconder, enrolada em panos que o Barba Branca levava, e entrou clandestinamente naquela viagem. Não sabia para onde estava indo.

Quando chegou no convés do navio, seu amigo a desenrolou. Olhando em volta, Mari ficou impressionada. Era muita, muita gente. E estavam todos muito cansados. Não existia espaço para ninguém se mexer, muito menos para dormir.

Ela foi logo perguntando de onde eram aquelas pessoas, para onde iam... E a resposta era sempre a mesma: para qualquer lugar onde não haja guerra. Com as perguntas, foi percebendo que havia gente de muitos países. Pensava sozinha: "Qual será o destino deste navio?".

Foram muitos dias de viagem, mais de 60. Mari já estava sem vontade de conversar com ninguém. Só queria chegar, aonde quer que fosse.

Ficou muito surpresa quando reconheceu o lugar onde o navio estava chegando. Com tanto verde, mar azul, sol e alegria, só poderia ser o nosso querido Brasil! Foi então que compreendeu tudo.

Procurou pelo Barba Branca para agradecer a viagem, embora não tivesse sido nem um pouquinho agradável. Olhou, olhou, mas era muita gente. E todos pareciam iguais. Cansados. Tristes. Sonolentos. Mari agradeceu em pensamento e achou que logo poderiam se encontrar nas conversas e buscas sobre a obra de Segall. Decidiu sair de lá.

Lembrou-se imediatamente do Menino com Lagartixas. E como sempre foi muito esperta, logo imaginou que lagartixa gosta de viver na mata. E lá foi ela, mais uma vez, correndo em direção às plantas. Estava certa de que encontraria algumas lagartixas no caminho que pudessem dar algumas pistas. Perdeu até o medo de lagartixas, de tão feliz que estava por voltar para sua terra e sair daquela viagem horrível. Procurou, deitou no chão, olhou nas árvores. Nada.

Foi quando um menino se aproximou.

– Olá. Você está procurando alguma coisa?

– Oi. Estou sim. Queria encontrar lagartixas – disse Mari, sem desviar o olhar.

– Eu tenho duas! Venha, Jurema! Aqui, Joseni! – invocou o Menino com Lagartixas.

Uau! Era ele. Mari perdeu um tempão procurando. O menino estava ali, tão pertinho, e ela preocupada com as lagartixas. Deu um lindo sorriso e falou muito emocionada:

– Você, então, é o Menino com Lagartixas do Lasar Segall?

– Sou sim! Eu mesmo. Uma das inúmeras criações brasileiras do mestre.

– Mas, nossa! Você parece muito mais feliz que as outras obras dele que eu conheci.

– Eu não diria "feliz". Aqui no Brasil, a obra de Segall ficou mais colorida, é verdade. Mas ele continuou pintando a verdade das coisas.

– Eu estou percebendo que você não tem nenhum triângulo... Olhe o meu cabelo! Eu cortei desse jeito quando conheci uma das primeiras obras de Segall.

O Menino riu gostoso e alto, assim como Mari Miró fez quando viu os rapazes da Aldeia Russa.

– O seu cabelo deve ser igual ao meu... Solte! Nós somos parecidos! Podíamos até ser irmãos.

O Menino com Lagartixas sorriu para Mari. Ela sorriu de volta e soltou seu cabelo todo cheio de cachinhos, como sempre foi.

– Como você reparou, Segall modificou mesmo a maneira de pintar quando veio morar no Brasil. Não tinha como continuar a usar cores tão frias. O Brasil tem negros, danças, cores, muitas cores, mata e até lagartixas! – disse o menino bem animado, fazendo carinho em Jurema e Joseni.

– Venha comigo. Eu, a Jurema e o Joseni adoramos andar pelas nossas terras. Mostraremos a você o quanto é bonito o Brasil visto por um estrangeiro.

Joseni pulou no ombro de Mari Miró, e o medo das lagartixas foi embora! Os quatro caminhavam pelo bananal. O Menino com Lagartixas cumprimentou a Mulata com criança e o outro filhinho dela, o Mulato, que estava pintando o muro com cores e motivos muito coloridos. Mari sentia-se em casa e cumprimentou os dois também.

– Aqui é muito mais ensolarado!

– Segall ficou encantado com os negros e as cores brasileiras. Pintou muitos de nós! O que era normal para os brasileiros era uma novidade para ele – explicou o Menino com Lagartixas.

Mais à frente, ali mesmo no bananal, os dois encontraram o Velho Ex-escravo. Lá, conversaram sobre como Lasar Segall aproximou-se do Grupo dos Cinco, principalmente de Mário de Andrade. Mari descobriu que Segall realizou muitas festas em conjunto com os amigos brasileiros e foi bastante reconhecido, inclusive na Europa, com a produção realizada aqui no nosso país.

O Velho Ex-escravo convidou Mari Miró para entrar de cabeça na paisagem brasileira. Só assim ela teria como compreender os pintores que ainda fariam parte de suas aventuras.

Dali para a frente, ela não iria mais viajar o mundo, mas sim o tão imenso e rico território brasileiro. Conheceria a dança, o folclore, as crenças e as festas religiosas produzidas pelos quatro cantos do país. Essa mistura deliciosa foi descoberta, explorada e transformada em cultura brasileira pelos modernistas. Todo esse caminho que Mari Miró havia percorrido tinha sido muito importante para entender de que maneira a arte lida com nossos sentimentos. Essa pesquisa foi realizada também pelos grandes pintores do nosso país e tudo isso seria usado para iniciar o percurso na então recém-nascida ARTE BRASILEIRA.

APOIO DIDÁTICO

APRESENTAÇÃO

As páginas a seguir buscam oferecer apoio aos familiares, professores ou interessados que queiram aproveitar a leitura da *Mari Miró e o Menino com Lagartixas* para além das palavras, tornando materiais as imagens e personagens encontrados na narrativa sobre a obra do artista Lasar Segall.

O título faz parte da coleção Arte é Infância, lançada em 2014 pela Editora Ciranda Cultural, vencedora da categoria Didático e Paradidático do 57º Prêmio Jabuti. A coleção conta, até o momento, com as seguintes obras: *Mari Miró* (Joan Miró), *Mari Miró e o Príncipe Negro* (Paul Klee), *Mari Miró e o Cavaleiro Azul* (Wassily Kandinsky), *Mari Miró e o Homem Amarelo* (Anita Malfatti), *Mari Miró e o Menino com Lagartixas* (Lasar Segall), *Mari Miró e o Abaporu* (Tarsila do Amaral) e *Mari Miró e as Cinco Moças de Guaratinguetá* (Di Cavalcanti).

Em *Mari Miró e o Menino com Lagartixas* encontramos um artista que estudou na Europa, mas colaborou muito para a arte moderna brasileira. Lasar Segall tornou-se amigo dos artistas brasileiros e transformou bastante sua obra depois de vir morar no nosso país.

APOIO AO PROFESSOR

Este material foi concebido através da vivência e experiência em sala de aula com as diversas faixas etárias e linguagens: arte-educação e incentivo à leitura e escrita.

Objetivos gerais:
- Formar o público infantil para recepção da arte.
- Auxiliar professores no preparo de atividades com as obras dos pintores e as músicas e ritmos, antes ou após a leitura dos livros.
- Aprofundar o estudo da obra dos artistas e a relação entre a criança e a arte.

Objetivos específicos:
- Permitir ao professor abordar aspectos artísticos e históricos através das reproduções das obras incorporadas no livro paradidático.
- Subsidiar a mediação do professor na produção de releituras que possibilitem o fazer artístico do aluno nas mais diversas linguagens: escultura, música, dança, texto (poesia ou prosa), pintura e teatro.

Público-alvo:
- Professores de Português e Artes (Ensino Fundamental I);
- Profissionais que trabalham com oficinas de estudo (com crianças de 06 a 11 anos);
- Professores de Educação Infantil (mediante adaptação das atividades).

Você encontrará uma pequena biografia de Lasar Segall, acompanhada de dados históricos essenciais para a abordagem em sala de aula. No momento específico de sequência didática, no qual há a apresentação das obras, utilizo a metodologia triangular proposta por Ana Mae Barbosa, articulada com outras ideias do fazer artístico de professores e estudiosos da área de arte-educação, além das adaptações necessárias à realidade com a qual se trabalha.

As sugestões de aulas contemplam três momentos: a apreciação, a contextualização e o fazer artístico. Na última etapa, há mais de uma opção de trabalho, portanto o professor deverá selecionar aquela que melhor se aplicar à turma e faixa etária com a qual trabalha ou aproveitar a mesma imagem por uma sequência de encontros.

a) Apreciação: O educador incita a percepção dos alunos com perguntas abertas, mediando o olhar sem que o direcione, a menos que seja sua intenção. Por exemplo, em uma obra abstrata, como alguns quadros de Kandinsky, pergunte pelas cores, pelas formas; se não houver respostas satisfatórias, busque alternativas como: as formas são orgânicas? As cores são frias? Este momento é importantíssimo para a reflexão e o envolvimento, tanto coletivo quanto individual. É interessante que o professor consiga equilibrar a participação de todos, para que se sintam convidados a expressarem suas sensações. Dependendo da turma, este momento pode demorar a acontecer, de fato. Muitas vezes os alunos não estão preparados para esta (auto)análise, tampouco a disciplina da sala permite um momento de silêncio e reflexão. Porém com a insistência e paciência do professor o hábito começa a surgir e, depois de alguns encontros, eles aprendem que não há como olhar alguma imagem, ouvir alguma música, movimentar-se de alguma maneira que não cause nenhuma sensação.

Este é o momento de ouvir, mais do que falar. O professor deve conduzir os comentários, que serão livres, ao propósito de sua aula, e somente depois de a turma esgotar as possibilidades, deverá prosseguir com a contextualização. Alguns educadores preferem dar o nome da obra/pintor ou música/grupo antes da apreciação. É recomendável que não o façam no caso de obras abstratas para que haja liberdade de expressão por parte dos apreciadores. No caso de um exercício que tenha como objetivo uma narração, por exemplo, já seria bastante interessante fornecê-lo. Portanto, nada como saber o que deseja e colocar em prática para pesquisar os resultados.

b) Contextualização: Este é o momento da aquisição do conteúdo. É muito importante que seja realizado de maneira instigante, aproveitando tudo o que fora discutido durante a apreciação, para que o aluno consiga relacionar suas sensações ao conteúdo e sinta vontade de realizar a atividade proposta pelo educador. É interessante que, simultaneamente, conduza uma reflexão/discussão sobre a obra.

c) Fazer artístico: As sugestões elencadas neste material contemplam as mais variadas linguagens artísticas, de literatura a teatro. Qualquer atividade proposta deve ser bem instruída pelo professor, que fornecerá o material a ser utilizado, bem como exemplos de execução. A partir de então, ficará atento para verificar o andamento da elaboração (individual ou em grupo), e auxiliando os alunos de maneira atenciosa.

CONTAÇÃO DE HISTÓRIA

Para contar uma história é preciso conhecê-la previamente e encontrar nela elementos narrativos centrais. O professor pode utilizar diferentes elementos para atrair a atenção das crianças (alfabetizadas ou não). Desde o famoso baú ou mala que contenha elementos lúdicos para envolver os alunos (como pedaços de tecido, plumas, brilhos, formas geométricas, chapéus, acessórios, borrifadores, trilha sonora, instrumentos musicais etc.) até os recursos de mudança de voz, caretas, maquiagem e roupas diferenciadas.

Nas histórias da coleção Arte é Infância, o mundo da fantasia é o eixo principal. Utilizando as imagens das obras de pintores, alguns elementos tácteis e sonoros, fica fácil trazer esta atmosfera para a sala de aula. Cada educador escolhe as linguagens com as quais está familiarizado para reproduzir a história. A seguir, uma sugestão de materiais e procedimentos para o livro *Mari Miró e o Menino com Lagartixas*.

- Duas lagartixas de plástico;
- Lupa;
- Capa de detetive;
- Lencinho de papel.

Com estes elementos centrais fabricados, vá aos poucos narrando a história enquanto mostra os objetos para as crianças, depois, aproveite os materiais utilizados para realizar dinâmicas com os personagens e para inclusive direcionar as atividades que serão apresentadas mais adiante.

LEITURA COMPARTILHADA

Essa atividade tem como principal função ensinar o prazer da leitura ao aluno. É o momento no qual o professor lê um texto ou um livro dividido em capítulos, ensinando à criança que a leitura se dá com atenção, dedicação e paciência. É preciso saborear as histórias, poemas. É preciso concentração.

O grande desafio desta geração guiada pelos eletrônicos é concentrar-se em atividades nas quais o movimento se dá interiormente. É preciso ensinar a contemplação. Tarefa difícil, mas não impossível. A maneira de realizá-la é mostrar que o livro contém histórias. E não há ninguém no mundo (velho ou novo) que não goste e não se interesse por histórias. Afinal, todos nós escrevemos e vivemos a nossa própria história e sonhamos com o futuro breve ou distante, fabulando, desta maneira, constantemente.

O professor desempenha um papel de modelo para o aluno, principalmente nos primeiros anos de Educação Formal, por isso é interessante mostrar que o hábito da leitura faz parte de sua vida e abre as portas de um mundo grande e rico. Siga os passos abaixo para a realização de uma leitura compartilhada.

DESENVOLVIMENTO DA ATIVIDADE COM CRIANÇAS NÃO ALFABETIZADAS

1ª etapa

Diga às crianças que o livro contará uma história que aconteceu com uma menina muito esperta, quando ela tinha 7 anos de idade. Explique que ela estava na sua aula de artes e gostava muito de descobrir as histórias por detrás de um quadro.

Mostre a imagem da obra *Aldeia Russa* de Lasar Segall e compartilhe as impressões dos alunos sobre a obra. Comente sobre as cores e as formas.

Só depois de perceber o interesse da turma, pergunte se a turma quer conhecer a história desta personagem chamada Mari.

2ª etapa

É importante criar um ambiente agradável para que as crianças não se sintam cansadas ou desinteressadas. Para isso, disponha os alunos em círculo ou semicírculo no qual você ocupe uma posição visível para todos. Leia sempre com a ilustração virada para eles, para que todos vejam as imagens ou, não sendo possível esta organização, tenha como pano de fundo as imagens do livro *Mari Miró e o Menino com Lagartixas* e das obras de Lasar Segall em uma grande tela.

3ª etapa

Comece pela capa e pelo título. Deixe as crianças emitirem impressões espontaneamente e observarem a capa. Pergunte se alguém se lembra do quadro que a personagem gostou e force as relações com o título.

4ª etapa

Avise que você fará uma primeira leitura do livro, e que durante a leitura todas as crianças devem prestar atenção. Se tiverem alguma pergunta ou impressão sobre a história, os alunos podem manifestar. Mas, se quiserem contar alguma coisa parecida, só poderão fazê-lo depois do final do livro.

5ª etapa

Após a leitura, abra um espaço de troca. Ele pode começar por alguma criança de maneira espontânea ou por você, que se apresenta como leitor. Comente sobre as imagens e faça uma breve síntese da história para resgatar a atenção de todos e para explicar o que a narração pretendeu. Esta atitude irá contribuir para a produção de sentido e complementará o significado esboçado pelo texto.

Outra intervenção interessante pode ser a releitura de alguns momentos descritos no texto, através da pergunta aos alunos: Qual o momento que você mais gostou?

Diante das respostas e releituras, você irá encontrar direções de interpretações divergentes ou criar as relações entre texto e imagem que as crianças poderiam fazer.

É interessante deixar a imaginação livre para que as crianças brinquem com a obra de arte de Lasar Segall.

6ª etapa

Estimule a turma perguntando como imaginam outras ilustrações que poderiam existir no livro. Faça os alunos produzirem mais quadros de Lasar Segall.

7ª etapa

Apresente mais obras do pintor e o plano de aula sugerido neste material.

DESENVOLVIMENTO DA ATIVIDADE COM CRIANÇAS ALFABETIZADAS

Elas podem possuir o livro ou não. Repita as etapas de 1 a 3 conforme descrito anteriormente.

4ª etapa

Leia o texto com clareza em voz alta. Pare sempre que terminar um parágrafo para acompanhar o interesse da turma e resgatar as opiniões.

Ou ainda, peça para que os alunos abram o livro na primeira página de texto e leia em voz alta, enquanto os alunos acompanham a leitura. A partir do momento escolhido por você, peça para que as duplas leiam em voz baixa, observando as ilustrações.

5ª etapa

Após a leitura, abra um espaço de troca. Pergunte se os alunos gostaram da história e quais os momentos mais interessantes.

Diante das respostas, você irá encontrar direções para saber qual a melhor forma de trabalhar com a sugestão de aulas deste material.

É interessante deixar esta conversa fluir, ouvir todas as impressões das crianças, a imaginação é necessária para compreender a obra de arte de Lasar Segall.

6ª etapa

Apresente mais obras do pintor e o plano de aula sugerido neste material.

FLEXIBILIZAÇÃO PARA DEFICIÊNCIA VISUAL

1. Grave o livro em áudio e dê para o aluno levar para ouvir em casa. Ele deve se aproximar do texto antes da turma.

2. Durante a leitura em sala de aula, descreva oralmente as imagens e estimule a turma a fazer o mesmo.

3. Estimule o aluno a sugerir imagens e faça-o participar ativamente da atividade.

FLEXIBILIZAÇÃO PARA DEFICIÊNCIA AUDITIVA

1. Utilize um vídeo previamente gravado com a língua brasileira de sinais do livro *Mari Miró e o Menino com Lagartixas*. A cada página lida em sala, passar o vídeo para que os alunos com deficiência auditiva possam acompanhar.

2. Durante a leitura em sala de aula, apresente as ilustrações para eles.

3. Estimule os alunos a participarem ativamente da leitura compartilhada.

Mari Miró e o Menino com Lagartixas

Lasar Segall é um pintor russo que veio morar no Brasil. Quando chegou aqui, encantou-se com a matéria brasileira e produziu muitos quadros expressionistas sobre as coisas de nossa terra. Mari Miró procura *O menino com lagartixas*, personagem do quadro de Segall e, em meio a esta aventura, viaja pelas obras do artista.

LASAR SEGALL (1891-1957)

Lasar Segall nasceu em Vilnius, hoje capital da Lituânia, país que estava na época sob o domínio da Rússia. Seu pai, Abel Segall, era escriba da Torá. Desde cedo, Segall habituou-se a valorizar o trabalho manual, especialmente realizado pelo pai de forma cuidadosa e respeitosa.

Aos 15 anos de idade, decide ir à Berlim com o apoio de seus pais, mas não se adaptou à escola bastante tradicional que frequentou. Logo, foi para Dresden, onde se aproximou do grupo *Die Brücke* (A ponte), começando a produzir trabalhos de maneira muito mais livre, em correspondência com suas aspirações artísticas.

Em 1912, foi pela primeira vez ao Brasil, pois alguns de seus irmãos já estavam vivendo aqui. Entre 1919 e 1922, participou de maneira ativa no movimento expressionista e realizou exposições em toda a Alemanha. Sua obra é marcada pela denúncia social e por certo lirismo humanista.

No fim de 1923, Segall emigrou para o Brasil e as mudanças em sua obra foram significativas, noticiadas nos próprios veículos europeus. Aproximou-se também do grupo modernista, tornando-se amigo de Mário de Andrade e de Tarsila do Amaral, principalmente.

Está aqui um pintor russo magnífico, Lasar Segall, companheiro de Chagall e Kandinsky. Estamos camaradas velhos já.
Mário de Andrade

Na Alemanha eu era feliz... Lá tinha exposições para ver, teorias para discutir, gente como eu, com quem conversar. Aqui achei pouco disso. Ando muito sozinho, não me divirto, sou desinfeliz.

Na Alemanha quando eu queria pintar a infelicidade alheia, exagerava essa infelicidade. Porque lá eu não conhecia a infelicidade. Vim pra cá e ando sofrendo. Então reparei que a infelicidade não é tão feia como a pintava. Por isso é que minha pintura está ficando mais alegre.[1]

Em 1932, tornou-se um dos fundadores da Sociedade Pró-Arte Moderna (SPAM), grupo cujo principal objetivo foi divulgar a Arte Moderna, promovendo diversas atividades culturais como palestras, concertos e exposições.

Pouco depois, com a Segunda Guerra Mundial, dedica-se aos temas universais com mais intensidade. São os anos das obras *Navio de emigrantes* (1939-1941), e *Pogrom* (1937), por exemplo.

Por volta de 1950, trabalha com a questão do mangue, realizando as gravuras que denunciam a prostituição na região do Rio de Janeiro.

Com sua morte, em 1957, sua esposa Jenny Klabin Segall, idealizou um museu[2] em sua homenagem.

OBRAS

1. *Aldeia russa*, 1912
   Óleo sobre tela
   62,5 cm x 80,5 cm
   Acervo do Museu Lasar Segall

2. *Eternos caminhantes*, 1919
   Óleo sobre tela
   138 cm x 184 cm
   Acervo do Museu Lasar Segall

3. *Interior de pobres II*, 1921
   Óleo sobre tela
   140 cm x 173 cm
   Coleção particular

4. *Crianças abandonadas*, 1918
   Óleo sobre tela
   70 cm x 75 cm
   Coleção Banco Safra

5. *Mulher grávida*, 1920
   Óleo sobre tela
   90 cm x 113 cm
   Coleção particular

6. *Pogrom*, 1937
   Óleo com areia sobre tela
   184 cm x 150 cm
   Acervo do Museu Lasar Segall

7. *Rua*, 1922
   Óleo sobre tela
   131 cm x 98 cm
   Acervo do Museu Lasar Segall

8. *Navio de emigrantes*, 1939-1941
   Óleo com areia sobre tela
   230 cm x 275 cm
   Acervo do Museu Lasar Segall

9. *Bananal*, 1927
   Óleo sobre tela
   87 cm x 127 cm
   Pinacoteca do Estado de São Paulo

10. *Menino com lagartixas*, 1924
    Óleo sobre tela
    98 cm x 61 cm
    Acervo do Museu Lasar Segall

1. Declaração de Lasar Segall a Mário de Andrade transcrita em *Lasar Segall*. Diário Nacional. São Paulo, 23 dez. 1927.
2. Importante ressaltar que o Museu Lasar Segall, em São Paulo, possui excelente material didático de apoio ao professor e diversas formações. Parte desta sequência didática foi adaptada ou retirada dessas composições, devidamente citada nos momentos oportunos. Na bibliografia, foram disponibilizados os dados completos.

11. *Paisagem brasileira*, 1925
Óleo sobre tela
64 cm x 54 cm
Coleção particular

12. *Mulato I*, 1924
Óleo sobre tela
63 cm x 43 cm
Coleção Particular

13. *Mulata com criança*, 1924
Óleo sobre tela
68,5 cm x 55,5 cm
Coleção particular

SEQUÊNCIA DIDÁTICA

1. ALDEIA RUSSA

a) Apreciação

b) Contextualização, reflexão e discussão sobre a obra

Esta é a tela que inaugura a fase da triangulação expressionista na obra de Segall. Não há mais nenhum resquício da influência impressionista que marcou sua pintura de 1909 a 1912. Em 1910, Segall havia se mudado de Berlim para Dresden. É em contato com o ambiente de Dresden que a produção de Segall passa a identificar-se com o Expressionismo.

Material didático do Museu Lasar Segall

Desenvolva com os alunos a questão do movimento das figuras.

c) Fazer artístico

• **Relacionando ideias**

Faça um pesquisa sobre temas e gravuras russas. Discuta com os alunos sobre a cultura deste país: música, história, sociedade, outros artistas russos.

• **Produzindo imagens**

Proponha uma releitura da obra a partir de recortes triangulares com papel *color set* e espelho.

• **Produzindo textos**

Os alunos deverão produzir um texto com o seguinte tema: festa em uma aldeia russa. Deverão escrever sobre o que há nessa festa, quais os preparativos, o que os convidados fazem para se divertir, o que comem, etc.

2. ETERNOS CAMINHANTES

a) Apreciação

b) Contextualização, reflexão e discussão sobre a obra

Eternos caminhantes é um termo que se refere à natureza nômade do povo judeu que, por razões históricas, esteve sempre se deslocando, emigrando de seus países para outros. Segall mesmo era emigrante. Saiu de sua cidade natal em 1906 e nunca mais viveu lá.

Material didático do Museu Lasar Segall

Proponha uma relação entre a proporção e a disposição das figuras com o título da obra. Reflita sobre isso com os alunos.

c) Fazer artístico

• Relacionando ideias

Os alunos deverão realizar uma pesquisa sobre os retirantes, elucidando questões como: O que são? De onde vêm? Para onde vão? Depois de pesquisar, deverão apresentar à turma, não se esquecendo de incluir fotos e imagens.

• Produzindo imagens

Proponha uma releitura da obra em alto-relevo com argila e areia colorida.

• Produzindo textos

Cada aluno deverá fazer uma redação sobre a origem da sua família. Proponha questões como a origem dos avós e como foi o casamento dos pais. (Atividade adaptada do material didático do Museu Lasar Segall.)

3. INTERIOR DE POBRES II

a) Apreciação

b) Contextualização, reflexão e discussão sobre a obra

Esta pintura foi realizada por Lasar Segall, em 1921, em Dresden, na Alemanha, onde vivia desde 1910. Nos anos de 1920, Segall pintava a realidade social de maneira mais crítica, influenciado por artistas ligados à vertente do movimento expressionista chamada Nova Objetividade, que apresentava pinturas, desenhos e gravuras pormenorizadas, altamente realistas, exprimindo suas desilusões com a realidade social.

Material didático do Museu Lasar Segall

Reflita sobre temas sociais que surgem a partir da apreciação: fome, pobreza, etc.

c) Fazer artístico

• Relacionando ideias

Divida os alunos em grupos de no mínimo quatro integrantes. Peça para que criem uma cena que parta deste quadro ou termine nele.

• Produzindo imagens

Divida os alunos em grupos de cinco integrantes. Cada um deverá desenhar uma figura, recortá-la e colá-la em uma cartolina. Depois, o grupo poderá realizar o fundo com guache ou colagem de papel espelho.

• Produzindo textos

Proponha aos alunos que criem uma descrição da cena retratada.

4. CRIANÇAS ABANDONADAS

a) Apreciação

b) Contextualização, reflexão e discussão sobre a obra

Obra de 1918, que possui a mesma linguagem visual de *Morte*, de 1917, e de *Eternos caminhantes*, de 1919. Converse com os alunos sobre o abandono de crianças. Questione-os sobre como essas crianças conseguem sobreviver e o que pode acontecer com elas.

c) Fazer artístico

• Relacionando ideias

Proponha aos alunos a seguinte reflexão: estar abandonado é somente não ter pais? A partir disso, eles deverão pensar na realidade das crianças no continente africano e produzir um artigo de opinião sobre o assunto.

• Produzindo imagens

Proponha uma releitura da obra com nanquim colorido e preto com pincéis.

• Produzindo textos

Os alunos deverão escrever uma pequena novela com o tema da obra em sala de aula. Cada aluno ficará responsável por um capítulo. Em conjunto, deverão realizar o roteiro elencando as ações e características dos personagens. Depois, distribuirão as ações em papéis sorteados.

5. MULHER GRÁVIDA

a) Apreciação

b) Contextualização, reflexão e discussão sobre a obra

Esta obra, de 1920, retrata uma mulher grávida e um homem que a acompanha. Os tons da obra são amarronzados.

Reflita com os alunos e converse sobre a maternidade.

c) Fazer artístico

• Relacionando ideias

Aproveite a relação com outro quadro de Lasar Segall, *Maternidade*, e peça aos alunos para que criem uma pequena história que ligue as duas imagens. O resultado deverá ser apresentado em um pequeno esquete.

• Produzindo imagens

Com giz pastel oleoso, proponha aos alunos uma releitura desta obra.

• Produzindo textos

Mostre cenas do filme *O pequeno Nicolau*[3] para inspirar o debate e a criação de uma redação com o seguinte tema: a chegada de um irmãozinho.

---

3. O PEQUENO Nicolau. Direção: Laurent Tirard. São Paulo: Imovision, 2009. 1 DVD (91 min), NTSC, color. Título original: Le petit Nicolas.

6. POGROM

a) Apreciação

b) Contextualização, reflexão e discussão sobre a obra

Obra de 1937. Pertence à fase de denúncia social, próxima da Segunda Guerra Mundial. Outras obras de mesmo contexto: *Massacre*, 1947; *Êxodo*, 1949. Aproveite para introduzir o tema da Segunda Guerra Mundial e o holocausto. Reflita e discuta com os alunos sobre o assunto.

c) Fazer artístico

- **Relacionando ideias**

Passe para os alunos a cena de *A lista de Schindler*[4] na qual a pequena menina caminha em meio aos escombros na Segunda Guerra Mundial.

- **Produzindo imagens**

Com o auxílio da trilha sonora do filme *A lista de Schindler*[5], peça aos alunos para produzirem um desenho que manifeste fraternidade e pesar pela questão dos judeus na Segunda Guerra.

- **Produzindo textos**

Assista com os alunos algumas cenas de *A vida é bela*[6] e promova uma discussão sobre o tema. Com as ideias discutidas, proponha a produção de um pequeno texto sintetizando o que os alunos compreenderam sobre o assunto.

7. RUA

a) Apreciação

b) Contextualização, reflexão e discussão sobre a obra

Esta obra é de 1922, período em que Lasar Segall estava na Alemanha. Reflita com os alunos sobre as cores e formas empregadas na obra.

c) Fazer artístico

- **Relacionando ideias**

Proponha aos alunos que criem um pequeno esquete tendo como cenário o próprio quadro *Rua*. O que estas mulheres estão fazendo na rua? São duas ou apenas uma mulher?

---

4. A LISTA de Schindler. Direção: Steven Spielberg. São Paulo: Universal, 1993. 1 DVD (193 min), NTSC, color. Título original: Schindler's list.
5. PERLMAN, Itzhak; WILLIAMS, John. *Schindler's list*. New York: MCA, 1993.
6. A VIDA é bela. Direção: Roberto Benigni. São Paulo: Imagem Filmes, 1997. 1 DVD (116 min), NTSC, color. Título original: La vita è bella.

- **Produzindo imagens**

Proponha uma releitura da obra com lápis de cor aquarelável.

- **Produzindo textos**

Os alunos deverão criar um texto com o título: o mistério das duas meninas.

8. NAVIO DE EMIGRANTES

a) **Apreciação**

b) **Contextualização, reflexão e discussão sobre a obra**

A pintura Navio de emigrantes *foi feita entre 1939 e 1941, quando se iniciava a Segunda Guerra Mundial. Sua grande dimensão reflete a amplidão do tema abordado, mostra um convés de navio, onde as pessoas da terceira classe se acomodam para a longa viagem. Muitas dessas pessoas parecem olhar para a terra que estão deixando, mas o navio segue rumo ao encontro de um destino incerto.*

Material didático do Museu Lasar Segall

A partir da obra em questão, reflita com os alunos sobre a Segunda Guerra Mundial e temas políticos.

c) **Fazer artístico**

- **Relacionando ideias**

Fotografe os alunos que se posicionarão como as figuras do quadro. Eles poderão imaginar os sentimentos, as angústias, as expectativas do personagem que escolheram.

- **Produzindo imagens**

Proponha a criação de um grande mural no qual cada aluno será encarregado de pintar um personagem. O ideal é realizar o projeto com mais de uma turma.

- **Produzindo textos**

Os alunos deverão produzir um diário de bordo a partir da situação demonstrada no quadro.

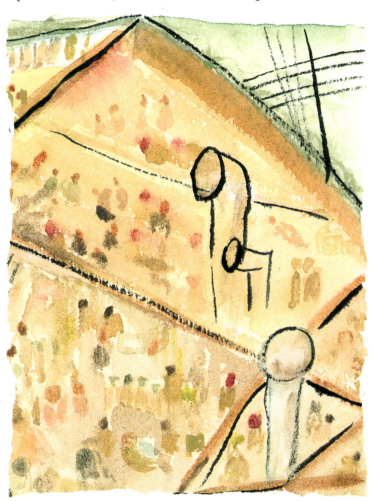

9. BANANAL

a) **Apreciação**

b) **Contextualização, reflexão e discussão sobre a obra**

Esta obra insere-se na Fase Brasileira do pintor. Converse com os alunos sobre as características do Brasil presentes na obra.

c) Fazer artístico

• **Relacionando ideias**

Passe para os alunos o trecho do filme *Meu pé de laranja lima*[7] em que há a escolha da árvore. Eles deverão imaginar que o personagem escolheu uma bananeira. Sendo assim, poderão produzir um pequeno texto para em um segundo momento apresentarem em forma de esquete.

• **Produzindo imagens**

Proponha uma releitura da obra com giz de cera.

• **Produzindo textos**

Mostre aos alunos o desenho de Segall *Velho ex-escravo*. Elas deverão imaginar que ele fugiu de uma fazenda e chegou até o *Bananal*. Proponha os questionamentos: O que ele faz ali? Como vive?

10. MENINO COM LAGARTIXAS

a) Apreciação

b) Contextualização, reflexão e discussão sobre a obra

Menino com lagartixas *é um dos quadros da chamada Fase Brasileira de Segall. Essa fase vai de cerca de 1924 a 1928, período em que a pintura de Segall acusa o impacto recebido da luz tropical. No dizer de Mário de Andrade, o artista, depois de passar pelos tons ocres e acinzentados do expressionismo alemão, adota uma palheta nova de luzes claras e cômodas. O desenho também tem uma função importante nessa fase, e pode-se ver nesta tela que a linha detém-se na decoração das folhas das bananeiras, tranquilizando a composição.*

Material didático do Museu Lasar Segall

Compare este quadro com *Aldeia russa* e *O menino com lagartixas* e reflita sobre as diferenças de cores com os alunos.

c) Fazer artístico

• **Relacionando ideias**

Aproveite o momento do encontro de Mari Miró com o *Menino com Lagartixas* para dar voz aos dois animais: Jurema e Joseni. Os alunos deverão imaginar o que elas falam. Por que vivem junto com o menino? Após essa reflexão, monte pequenos grupos e proponha a realização de uma pequena cena.

• **Produzindo imagens**

Proponha uma releitura da obra com lápis de cor. Eles poderão produzir as lagartixas com papel amarelo, recortar e fazer um aplique na folha.

• **Produzindo textos**

Proponha a produção de um texto com o seguinte tema: um dia, Jurema se apaixona por Joseni. O que acontecerá nessa história?

11. PAISAGEM BRASILEIRA

a) Apreciação

b) Contextualização, reflexão e discussão sobre a obra

Obra da Fase Brasileira de Segall, trazendo grande luminosidade e cores vibrantes.

---

7. MEU pé de laranja lima. Direção: Aurélio Teixeira. São Paulo: Europa Filmes, 1970. 1 DVD (108 min), NTSC, color.

Reflita com os alunos sobre as particularidades da paisagem brasileira.

c) **Fazer artístico**

- **Relacionando ideias**

Proponha a produção de um baixo-relevo de *Paisagem brasileira*. Depois, fotografe as diferentes maneiras de retratar o quadro e monte uma animação para que os alunos estabeleçam comparações.

- **Produzindo imagens**

Os alunos deverão fazer uma releitura da obra com colagem em duplas em uma folha de papel A3. Eles poderão fazer retoques com lápis de cor.

- **Produzindo textos**

Nesta atividade, serão produzidos microcontos a partir da criação de histórias que acontecem na paisagem brasileira representada no quadro.

12. MULATO I

a) **Apreciação**

b) **Contextualização, reflexão e discussão sobre a obra**

O contexto de criação dessa obra ainda é a Fase Brasileira do pintor.
Reflita com os alunos sobre a miscigenação do povo brasileiro.

c) **Fazer artístico**

- **Relacionando ideias**

Os alunos deverão dar nome ao personagem e estabelecer um vínculo narrativo com a personagem da obra *Mulata com criança*. Criar uma espécie de pequeno álbum fotográfico, registrando fases e momentos, desde o nascimento até o momento atual: *Mulato I*.

- **Produzindo imagens**

Proponha uma releitura da obra feita em duas fases. A primeira delas seria o fundo da composição com colagem de tecidos, no qual apareceriam os recortes com fundo branco para o personagem. Depois, os alunos fariam a releitura do personagem com nanquim sépia.

- **Produzindo textos**

Após fazer a leitura de *Os da minha rua*[8], do escritor angolano Ondjaki, os alunos deverão fazer uma comparação da infância de uma criança brasileira com uma africana. Baseados nisso, deverão escrever uma boa memória de sua infância.

13. MULATA COM CRIANÇA

a) **Apreciação**

b) **Contextualização, reflexão e discussão sobre a obra**

Obra da Fase Brasileira do pintor.
Reflita com os alunos sobre a miscigenação do povo brasileiro.

c) **Fazer artístico**

- **Relacionando ideias**

Faça uma comparação desta obra com *Maternidade*, também de Lasar Segall: Quais as diferenças e semelhanças? Após essa reflexão, os alunos deverão realizar uma cena de diálogo entre as mães dos quadros.

- **Produzindo imagens**

Proponha uma releitura da obra com tinta guache.

- **Produzindo textos**

Os alunos deverão registrar por escrito o encontro entre as mães, de acordo com a atividade proposta em "Relacionando ideias".

8. ONDJAKI. *Os da minha rua*. Rio de Janeiro: Língua Geral, 2007.

COMENTÁRIOS SOBRE A EXECUÇÃO DAS ATIVIDADES

Após o surgimento da primeira pintora brasileira, a razão de voltar a terras estrangeiras é simples: Lasar Segall desempenha papel formador para os artistas modernos no Brasil. Aproximou-se de maneira marcante.

Trabalhar com as obras de Segall é espantoso. Mesmo naquelas mais obscuras e densas, os alunos encontram fascínio. Quase sempre relacionam ao mal os elementos, atribuindo características de seres extraterrestres, ladrões e monstros. E quando chegam às obras da chamada Fase Brasileira, o reconhecimento é impressionante. A alegria é facilmente perceptível.

Aqui também vale aproveitar a forte veia narrativa e lírica, como em Paul Klee. O resultado com as crianças é surpreendente. Depois, valerá a pena, se possível, visitar o Museu Lasar Segall em São Paulo, pois poucas vezes aqui no Brasil existe a possibilidade de ver de perto todas as obras trabalhadas em sala de aula com os alunos.

Minhas experiências com este plano de aula são maravilhosas. Ver o encantamento dos alunos quando encontram *O menino com lagartixas*, *Paisagem brasileira* e *Aldeia russa* é emocionante.

Também não há recomendações de idade para as atividades propostas.

REFERÊNCIAS BIBLIOGRÁFICAS

Educação:

BARBOSA, Ana Mae. *A imagem no ensino das artes.* São Paulo: Perspectiva, 2010.

_____. *Abordagem triangular no ensino das artes e culturas visuais.* São Paulo: Cortez, 2010.

_____. *Arte-educação no Brasil.* São Paulo: Perspectiva, 2002.

MACHADO, Maria Silvia Monteiro; TATIT, Ana. *300 propostas de artes visuais.* São Paulo: Loyola, 2003.

Lasar Segall:

BECCARI, Vera D'Horta. *Lasar Segall e o modernismo paulista.* São Paulo: Brasiliense, 1984.

Material didático – Área de Ação Educativa. Museu Lasar Segall/ Instituto do Patrimônio Histórico e Artístico Nacional – IPHAN/ Ministério da Cultura – MinC, 2005.

MATTOS, Cláudia Valladão. *Lasar Segall.* São Paulo: Editora da Universidade de São Paulo, 1997.

PETER, Naumann. *Matrizes do Expressionismo no Brasil: Abramo, Goeldi e Segall*; Museu de Arte Moderna de São Paulo, 10 out. a 10 dez. 2000. São Paulo: Museu de Arte Moderna de São Paulo, 2000.

INDICAÇÕES DE LEITURA COMPLEMENTAR

CARPEAUX, Otto Maria. *As revoltas modernistas na literatura.* Rio de Janeiro, Ediouro, 1968.

GOLDWATER, Robert. *Primitivism in modern art.* Cambridge/London: Belknap Press of Harvard University, 1986.

KANDINSKY, Wassily. *Do espiritual na arte e na pintura em particular.* São Paulo: Martins Fontes, 1996.

_____. *Ponto e linha sobre plano.* São Paulo: Martins Fontes, 1997.

KLEE, Paul. *Diários.* São Paulo: Martins Fontes, 1990.

_____. *Sobre a arte moderna e outros ensaios.* Rio de Janeiro: Jorge Zahar, 2001.

LICHTENSTEIN, Jacqueline. (org) *A pintura- vol 7: O paralelo das artes.* São Paulo: Ed 34, 2005.

_____. *A pintura- vol 8: O desenho e a cor.* São Paulo: Ed 34, 2006.

NAVES, Rodrigo. *A forma difícil: ensaios sobre arte brasileira.* São Paulo: Atica, 2001.

NETTO, Modesto Carone. *Metáfora e montagem.* São Paulo: Editora Perspectiva, 1974.

PEDROSA, Mário. *Modernidade Cá e Lá.* Org. Otília Arantes. São Paulo: EDUSP, 2000.

_____. *Política das Artes.* Org. Otília Beatriz Fiori Arantes. São Paulo: Editora da Universidade de São Paulo, 1995.

PERRY, Gill. *Primitivismo, Cubismo, Abstração: Começo do século XX.* São Paulo: Cosac & Naif, 1998.

Vivian Caroline Fernandes Lopes nasceu em 1982, em São Paulo. É educadora social e atua principalmente em projetos com crianças e adolescentes na área de incentivo à leitura e escrita. Doutora em Literatura Brasileira, estuda a relação entre palavra e imagem, poesia e pintura, literatura e artes. Foi vencedora do Prêmio Jabuti 2015 na categoria Didático e Paradidático com a Coleção Arte é Infância.